Sobre los insectos

Para Aquel que creó a los insectos.
—*Génesis* 1:1

Ω

Published by
PEACHTREE PUBLISHING COMPANY INC.
1700 Chattahoochee Avenue
Atlanta, Georgia 30318-2112
www.peachtree-online.com

Text © 2002, 2015 by Cathryn P. Sill
Illustrations © 2002, 2015 by John C. Sill
Spanish translation © 2015 by Peachtree Publishing Company Inc.

First bilingual edition published in hardcover and trade paperback in 2015
First Spanish edition published in trade paperback in 2020

Also available in English-language and bilingual editions
English HC ISBN: 978-1-56145-881-3
English PB ISBN: 978-1-56145-882-0
Bilingual PB ISBN 978-1-56145-883-7

Edited by Vicky Holifield
Spanish translation: Cristina de la Torre
Spanish-language copy editor: Cecilia Molinari
Spanish-language proofreader: Hercilia Mendizabal

Illustrations painted in watercolor on archival quality 100% rag watercolor paper

Printed in February 2020 by Toppan Leefung in China
10 9 8 7 6 5 4 3 2 1
ISBN 978-1-68263-155-3

Cataloging-in-Publication Data is available from the Library of Congress

Sobre los insectos

Una guía para niños

Cathryn Sill
Ilustraciones de John Sill
Traducción de Cristina de la Torre

PEACHTREE
ATLANTA

Los insectos tienen seis patas...

y tres partes del cuerpo.

Tienen un esqueleto impermeable en el exterior del cuerpo.

Las crías nacen de huevos.

Pasan por varios cambios a medida que crecen.

Los insectos huelen, degustan y sienten con la ayuda de las antenas.

Algunos insectos se alimentan succionando animales o plantas.

Otros muerden y mastican sus alimentos.

Muchos insectos vuelan.

Algunos caminan porque no tienen alas.

Otros saltan...

o nadan.

En casi todas partes hay insectos.

Algunos están activos durante el día.

Otros están activos solamente de noche.

Algunos insectos pueden ser plagas.

Pero muchos son muy útiles.

Los insectos son una parte importante
de nuestro mundo.

Epílogo

LÁMINA 1

Los insectos se encuentran en casi todas partes y son los más numerosos de todos los animales. Se han identificado más de un millón de especies. Algunos expertos creen que hay entre 2 y 30 millones de insectos que nunca han sido descubiertos ni nombrados. Los escarabajos de hoja de apocino habitan en el este de Estados Unidos y en el sur de Canadá. Segregan un líquido apestoso para defenderse de sus predadores.

LÁMINA 2

Las tres partes del cuerpo de un insecto son la cabeza, el tórax y el abdomen. Las antenas, los ojos y la boca están en la cabeza. Las patas y las alas salen del tórax. Los órganos del abdomen les permiten digerir los alimentos, respirar y reproducirse. Las hormigas aterciopeladas son avispas que parecen hormigas y su picada es tan dolorosa que a veces las llaman "matavacas". Viven en el este de Estados Unidos.

LÁMINA 3

Los insectos poseen capas exteriores duras llamadas exoesqueletos. "Exo" quiere decir "afuera". Los músculos de los insectos están adheridos al interior del exoesqueleto. Los ciervos volantes se llaman así por sus enormes mandíbulas, que se parecen a las astas de los venados. Los machos usan las mandíbulas para pelearse entre sí. Hay cerca de 1.200 especies de ciervos volantes en todo el mundo. Los ciervos volantes gigantes habitan alrededor de troncos podridos de robles en el este de Estados Unidos, extendiéndose hacia el oeste hasta Oklahoma.

LÁMINA 4

Los insectos crecen por medio de un proceso llamado "metamorfosis". Algunos pasan por una metamorfosis simple, de tres etapas de crecimiento: huevo, ninfa y adulto. La mantis religiosa hembra segrega una espuma especial de su cuerpo y pone entre 100 y 200 huevos en la espuma, que se endurece y los protege hasta que están listos para romperse. De cada huevito sale una ninfa que es una versión pequeñita idéntica al adulto. Las mantis religiosas son originarias del sur de Europa y llegaron a América del Norte en 1889 en un cargamento de plantas.

LÁMINA 5

Las mariposas, y muchos otros insectos, se desarrollan por medio de una metamorfosis completa, de cuatro etapas: huevo, larva, crisálida y adulto. La hembra adulta pone un huevo que produce una larva parecida a un gusano. La larva come y crece, y entonces se convierte en crisálida. Cuando la crisálida ha terminado su desarrollo emerge el insecto adulto. Las mariposas monarcas son las únicas mariposas que hacen una migración de ida y vuelta. Viven en casi toda América del Norte.

LÁMINA 6

Las antenas, que se encuentran en la parte frontal de la cabeza de los insectos, les sirven para explorar su entorno. Son órganos sensoriales que los insectos usan para encontrar alimentos y detectar a sus enemigos. La forma y el tamaño de las antenas varían según el tipo de insecto. Las polillas de Virginia tienen antenas muy ligeras. Habitan el sur de Canadá y el norte de Estados Unidos.

LÁMINA 7

La mayoría de las moscas pueden sorber líquidos con partes de la boca. Los tábanos hembra chupan la sangre de los mamíferos tras cortarles la piel con partes de la boca que son como tijeras. Los machos beben el néctar de las flores. Hay muchos tipos de tábanos en el mundo. Los tábanos negros son comunes en el este de Estados Unidos.

LÁMINA 8

Algunos insectos, tales como los saltamontes, muerden y mastican los alimentos moviendo las mandíbulas (las quijadas) de un lado a otro. Los saltamontes viven en pastizales, campos, praderas y bosques en todas partes del mundo. Los saltamontes del sudeste se encuentran al borde de carreteras y campos, y en los jardines del sudeste de Estados Unidos.

LÁMINA 9

La mayoría de los insectos adultos tienen dos pares de alas pegadas al tórax. Algunos insectos tienen solamente un par de alas. Las libélulas tienen cuatro alas que se mueven independientemente y les permiten volar hacia delante o hacia atrás. Las libélulas de cola blanca capturan y comen pequeños insectos mientras vuelan. Se encuentran en casi todas partes de Estados Unidos y en el sur de Canadá.

LÁMINA 10

Algunos insectos imitan partes de las plantas en las que viven. Los insectos palo gigantes son tan similares a ramitas que suelen pasar inadvertidos por sus predadores. Miden alrededor de seis pulgadas (15 cm), lo cual los hace los insectos más largos de América del Norte. Los insectos palo gigantes habitan en el sudeste y el medio oeste de Estados Unidos.

LÁMINA 11

Algunos tipos de insectos pueden saltar largas distancias gracias a los fuertes músculos de sus patas traseras. Muchos de los insectos saltarines hacen ruidos frotando una parte del cuerpo contra otra. Las esperanzas y los grillos "cantan" alzando las alas y frotándolas entre sí. Las esperanzas gladiadoras viven en el norte de Estados Unidos y en el sur de Canadá.

LÁMINA 12

Los escarabajos que viven en lagos, estanques, ríos y arroyos tienen las patas traseras en forma de paletas que los ayudan a nadar. Los girínidos se deslizan sobre la superficie del agua, y también son capaces de sumergirse y de volar. Los girínidos tienen los ojos divididos en dos partes para poder ver sobre y debajo de la superficie del agua. Hay alrededor de 700 especies de girínidos en el mundo y se encuentran por toda América del Norte.

LÁMINA 13

En casi todos los hábitats de la tierra hay insectos, pero muy pocos pueden vivir en las aguas saladas de los océanos. Los pececillos plateados se encuentran en sitios templados y húmedos alrededor del mundo. En el exterior se encuentran bajo hojas caídas, piedras y troncos. En el interior se encuentran en áticos, sótanos, detrás de muebles, y cerca de lavabos o bañeras. Comen una variedad de cosas, incluyendo plantas, ropa, alimentos secos, papel y encuadernación de libros.

LÁMINA 14

Los animales activos durante el día se llaman "diurnos". Las abejas viven en colonias o grandes grupos que trabajan juntos. Las abejas obreras pasan los días cálidos recolectando alimento de las flores. Comen polen y néctar. Las abejas usan el néctar para elaborar la miel que las alimenta durante el invierno cuando las plantas no están florecidas. Los colonos europeos trajeron las abejas a las Américas en el siglo XVII.

LÁMINA 15

La mayoría de las polillas son nocturnas (activas durante la noche). Las orugas de la polilla de luna se alimentan de las hojas de los árboles. Las adultas no comen nada. Se reproducen y mueren. Hubo una época en que las polillas de luna eran comunes pero hoy día no abundan debido a los insecticidas y las sustancias contaminantes. Viven en zonas al este de los Grandes Llanos en América del Norte.

LÁMINA 16

Los insectos se consideran plagas cuando molestan o hacen daño a las personas. Algunos insectos son capaces de destruir valiosos cultivos, otros tienen picadas o mordidas irritantes, transmiten enfermedades, infectan las reservas de alimentos o dañan las edificaciones de madera. Las cucarachas alemanas tienen un olor desagradable y buscan alimentos en los hogares, restaurantes y fábricas de alimentos. Se encuentran en cualquier lugar del mundo donde hay seres humanos.

LÁMINA 17

Muchos insectos ayudan a los humanos ya que se alimentan de otros insectos que destruyen cultivos. Las larvas de mariquitas, así como las adultas, se alimentan de áfidos y otros insectos pequeños. Muchos granjeros y jardineros compran mariquitas y las sueltan cerca de los cultivos que los áfidos atacan. Las mariquitas son comunes en toda América del Norte y partes de América del Sur.

LÁMINA 18

Los insectos son una fuente importante de alimento para los animales. Polinizan muchas de las plantas que nos sirven de alimento. Los insectos nos proveen productos útiles como la miel, la cera y la seda. Algunas personas disfrutan observando a los insectos y aprendiendo sobre sus hábitos. Las efímeras habitan en aguas dulces limpias. Al hacerse adultas salen del agua y les crecen las alas. Hay miles de tipos de efímeras en todo el mundo y cientos de ellos en América del Norte.

GLOSARIO

hábitat: lugar en que viven animales y plantas

insecticida: producto químico usado para matar insectos

órgano: parte del cuerpo de un animal que tiene una función específica (por ejemplo, los ojos, los pulmones, el corazón)

contaminante: cualquier cosa que ensucia o poluciona el agua, el aire o la tierra

predador: animal que sobrevive cazando y comiendo otros animales

reproducirse: tener crías

especie: grupo de animales o plantas que son muy semejantes

migración de ida y vuelta: movimiento de animales entre el lugar donde nacieron a sitios más cálidos durante el invierno y de regreso en el verano.

BIBLIOGRAFÍA

LIBROS

Insects: (Golden Guide) de Clarence Cottam y Herbert Zim (St. Martin's Press)
Kaufman Field Guide to Insects of North America de Eric R. Eaton y Kenn Kaufman (Houghton Mifflin)
Peterson First Guide to Insects of North America de Christopher Leahy (Houghton Mifflin)

SITIOS WEB

www.insectidentification.org
www.biokids.umich.edu/critters/Insecta
www.bugfacts.net/index.php

EDICIONES BILINGÜES

PB: 978-1-68263-033-4

Also available in English
HC: 978-1-68263-031-0
PB: 978-1-68263-032-7

PB: 978-1-56145-783-0

Also available in English
HC: 978-1-56145-688-8
PB: 978-1-56145-699-4

PB: 978-1-56145-989-6

Also available in English
HC: 978-1-56145-987-2
PB: 978-1-56145-988-9

PB: 978-1-56145-883-7

Also available in English
HC: 978-1-56145-881-3
PB: 978-1-56145-882-0

PB: 978-1-56145-800-4

Also available in English
HC: 978-1-56145-757-1
PB: 978-1-56145-758-8

PB: 978-1-56145-909-4

Also available in English
HC: 978-1-56145-907-0
PB: 978-1-56145-908-7

PB: 978-1-68263-071-6

PB: 978-1-68263-072-3

PB: 978-1-68263-154-6

PB: 978-1-68263-155-3

LOS SILL

Cathryn Sill, graduada de Western Carolina University, fue maestra de escuela primaria durante treinta años.

John Sill es un pintor de vida silvestre que ha publicado ampliamente y merecido diversos galardones. Nacido en Carolina del Norte, es diplomado en biología de vida silvestre por North Carolina State University.

Los Sill, que han colaborado en vientiún libros para niños sobre la naturaleza, viven en Carolina del Norte.

Fred Eldredge, Creative Image Photography